AF268351

CONSEIL MUNICIPAL

DE SOTTEVILLE-LÈS-ROUEN.

EXPÉDITION

DES

SAPEURS-POMPIERS

DE SOTTEVILLE-LÈS-ROUEN

SUR PARIS

Le 24 Mai 1871.

COMPTE-RENDU DANS LA SÉANCE DU 24 JUIN 1871,

Par M. le Docteur APVRILLE,

Conseiller municipal, et Chirurgien-aide-major de la Compagnie des Sapeurs-Pompiers de Sotteville-lès-Rouen.

SUIVI DE LA RELATION DES OBSÈQUES DE M. TIREMBERG.

ROUEN,

J. LECERF, imprimeur de la Cour d'Appel et de la Mairie

1871

SÉANCE DU CONSEIL MUNICIPAL

DE

SOTTEVILLE-LÈS-ROUEN

Du 24 Juin 1871.

Le Conseil municipal, à l'unanimité, afin de perpétuer le souvenir des services rendus à la cause de l'humanité et de la Patrie, par la Compagnie des Sapeurs-Pompiers de Sotteville et pour honorer la mémoire de leur collègue Tiremberg, mort à Paris, victime de son dévouement, décide que la relation faite par le docteur Apvrille, à l'occasion de l'expédition des Sapeurs-Pompiers de Sotteville-lès-Rouen sur Paris, sera imprimée aux frais de la commune et qu'un exemplaire en sera offert à chacun des Membres du Conseil municipal et de la Compagnie des Sapeurs-Pompiers de la commune.

1re PARTIE.

Monsieur le Maire,

Je viens remettre en vos mains une relation aussi exacte que possible des faits qui ont précédé, accompagné et suivi le départ de la Compagnie des Sapeurs-Pompiers de Sotteville pour Paris.

Séparé de ma compagnie pendant les premiers jours, je dois, tout d'abord, soumettre à votre appréciation les causes de cette séparation et l'emploi d'un temps qui vous appartient, puisque la Compagnie relève de votre autorité.

Mercredi, 24 mai, la dépêche télégraphique qui faisait appel aux Pompiers de toute la France pour éteindre, si faire se pouvait, l'immense incendie qui dévorait la capitale, vous arrivait à Sotteville. Nous la reçûmes de notre capitaine, M. Hagneré. Par suite d'une rencontre, je reçus, l'un des premiers, sa communication. « Je pars avec vous, lui dis-je. »

Les Pompiers, réunis par ses soins, se rendirent au poste où je les trouvai, vers une heure de l'après midi. Je réitérai devant eux ma détermination. « Vous êtes utile ici, me fut-il dit, soit, répondis-je, mais moins peut-être ici que là-bas ! » au reste, tranchons vite la question. Je me retire un moment à la Mairie, vous allez aux voix et me transmettez le résultat. Quelques instants s'écoulèrent ; un Pompier m'est envoyé, c'était Tiremberg, notre infortuné sergent-major que je ne devais plus revoir. La Compagnie, me dit-il, désire, à l'unanimité, que vous l'accompagniez.

Il nous fallait, pour l'expédition, les moyens. Vous, Monsieur le Maire et Messieurs les Membres du Conseil municipal, vous nous les avez instantanément et généreusement procurés.

Sous votre présidence, le Conseil municipal, réuni, vota les fonds nécessaires ; des secours aux femmes et aux enfants pendant l'absence des pères de famille ; votre sollicitude et celle du Conseil promise pour le présent et l'avenir.

Ainsi vous nous suiviez de vos vœux, et avec vous, la cité entière.

Tous les Pompiers eussent voulu partir, mais tous ne le pouvaient pas. Il y a des empêchements particuliers insurmontables, et puis, pour la sauve-garde de la commune, il fallait laisser les hommes et le matériel suffisant. Il fut décidé que vingt-deux hommes partiraient avec deux pompes.

Une erreur, ou plutôt un oubli, ne me permit pas de rejoindre, au moment du départ. Un départ précipité, pour un voyage dont le terme n'est pas fixé, n'est pas un médiocre embarras pour le médecin. Deux ou trois heures lui importent beaucoup. Pour ménager mon temps, on convint qu'on m'enverrait un clairon. Quatre heures, quatre heures et demie arrivent, et le clairon ne venait pas. Préoccupé de ne voir rien venir, je descends vers la place. Bientôt le bruit du tambour me signale la Compagnie en marche. Je la rejoins, au pas de course, rue du Puits-de-la-Montée, à la hauteur de la rue Saint-Antoine. Reproches au clairon, dont l'air étonné me répond suffisamment.

Auprès du capitaine, nouvelle erreur, encore involontaire. On part par la rue Verte ; je le tiens de la Mairie ; on part dans deux heures, trois heures peut-être : il faut attendre un convoi : Vous aurez le temps !

Sur ces indices, je retourne chez moi. Endosser mon uniforme, mettre sac et manteau aux mains de mon domestique fut l'affaire de quelques minutes. Nous partons pour la rue Verte. J'arrive, la Compagnie n'y est pas ; elle ne part pas par la rue Verte ; elle partira, si elle n'est partie, par la gare Saint-Sever.

Je descends à la gare Saint-Sever, on était arrivé, en wagon et parti presque sur-le-champ. De départ prochain, il n'y en avait qu'un, le lendemain, à 6 heures 1/4.

Me voilà donc séparé des miens et dans l'impossibilité de les rejoindre jusqu'au lendemain.

Rejoindre, c'était décidé, mais à exécuter difficile.

Comment nos Pompiers étaient-ils entrés dans Paris ? Par quelle porte ? Quel poste leur avait été assigné ? Serait-il le même à mon arrivée ? et puis moi, seul, comme égaré, sans autre passe-port que mon uniforme et une carte d'ambulance, en un jour où tout homme, sous tout habit, pouvait être un ami ou un ennemi, un secours ou un danger ; quels contre-temps, quelles tribulations m'étaient réservés ? Je ne serais pas fusillé, sur ma mine, c'était à croire ; mais mis sous verrou et oublié, ce pouvait être une chance ! moins heureuse, on en conviendra, que celle de rejoindre sûrement et promptement mes chers camarades.

Le jeudi matin, 25, cheminant vers la gare, je m'ingéniais au moyen de parer à ma mauvaise fortune..... Bon, me dis-je, je me tourmente pour rien ; voilà mon moyen trouvé, ou le diable, qui fait rage aujourd'hui, s'en mêlerait ! Le pompier n'est pas rare ; il y en aura bien quelques-uns en partance !

En effet, j'en trouvai, et des meilleurs ! Ils sont tous excellents ! mais ceux-là étaient les meilleurs qui, pour le quart d'heure, m'offraient de bons et solides compagnons de route et m'enlevaient à mes perplexités.

C'était des Havrais ; dire que leur accueil fut cordial, c'est inutile. Le lieutenant Jules Selles reçut pour lui et pour ses hommes, mes chaleureux remerciements. Ingénieur, attaché à l'établissement de M. Mazeline, vieux soldat, vieux marin ; je dis vieux, pas trop, mais vieux d'expérience et de dévouement au pays. Il attend encore, sans la demander, sa récompense.

Notre ingénieur conduisait une pompe à vapeur magnifique : valeur, 50,000 fr.: poids, 6,000 kilog.; jet d'eau, 6,000 litres à la minute ! Elle appartient à la Compagnie du Commerce. Il conduisait, pour la servir, huit hommes de sa Compagnie, anciens soldats.

Nous arrivons, sans encombre, à Colombes, embranchement de Saint-Germain, station la plus rapprochée de Paris, que l'état du chemin de fer nous permettait d'atteindre (12 kilom.). La lourde machine à débarquer donna bien du mal ; sans outils, sans engins appropriés, ce fut œuvre laborieuse de force et surtout d'adresse ! Après plusieurs heures de travail, la voilà enfin sur le quai. Maintenant, des chevaux, point; pour la pompe et les équipages, il en fallait au moins cinq de bonne encolure. Le lieutenant Selles, par un soleil ardent, presqu'à jeun, se met en campagne avec M. Bouquet, capitaine de la Compagnie des Pompiers des Andelys, comme moi, séparé des siens.

M. Selles n'avait point de titre régulier à produire pour une réquisition, il lui fallait le bon vouloir des gens ; ils en avaient tous ; mais voyez le malheur ! leurs chevaux étaient malades, le vétérinaire les tenait à l'écurie.

Enfin un Maire, dont je regrette de n'avoir pas le nom, moins esclave de son vétérinaire que les autres, lui procura cinq forts chevaux avec leurs conducteurs intelligents, plus ardents qu'eux à nous venir en aide.

Nous voilà donc en marche. Nous suivons la route de Bezons, vers Paris. Nous tournons une redoute formidable, énorme canon brisé, affût renversé sur le talus déchiré, blindages ruinés, dans un pêle-mêle que le crayon rendrait, non la plume. Nous découvrons à droite le Mont-Valérien, il domine la plaine purgée de fédérés, et.... se recueille en silence ; à gauche, et devant nous, la butte Montmartre, le Sinaï des communards. En face, Paris tonnant comme un volcan, fumant comme un cratère ! Nous arrivons au rond-point de Courbevoie, vaste place; au centre, une grille, un socle, et rien ; la statue de Napoléon Iᵉʳ, comme Romulus, a disparu dans l'orage. Nous descendons l'avenue de la Grande-Armée. Des deux côtés, maisons à jour, criblées, éventrées, renversées. L'Arc-de-Triomphe blessé, mais debout, nous console un peu de ces ruines. Nous voilà dans les Champs-Élysées. Nous laissons à notre droite le palais de l'Exposition. Sous le cauchemar qui nous oppresse, il nous apparaît, avec ses longs dômes et ses lourdes assises, comme l'ossuaire des sciences, des arts et de l'industrie.

Nous gagnons la place de la Concorde. L'Obélisque est debout, respecté par les obus. Hier, aux villes de France, autour de lui rangées, il semblait raconter les antiques merveilles de l'Egypte ! Aujourd'hui, à ces pauvres mutilées, que leur raconte-t-il ? si non la longue décadence et les reliques divines de sa vieille patrie, berceau du monde civilisé.

Monument funèbre, il porte écrit dans ses hiéroglyphes: « *Sic transit gloria mundi* » , ainsi passe la gloire des nations !

Mais nous sommes venus pour le feu : c'est le feu qui nous occupe désormais. Il est partout: nous allons à sa rencontre vers la rue de Rivoli. Une barricade, modèle de genre, nous fait rebrousser chemin; nous traversons la place et longeons les Tuileries, puis le Louvre. A la hauteur du pont des Saints-Pères, un obus nous partage ses éclats, sans nous toucher.

Au loin, vaste incendie. Ce sont les greniers d'abondance en feu. Nous y marchons. Notre expérimenté lieutenant nous sauve d'une catastrophe inévitable. Nous allions nous mettre sous le canon des insurgés. Notre pompe à vapeur avec ses cuivres brillants comme l'or, ses lanternes, sa fumée, ses sifflements, son élévation, était un point de mire trop apparent dans la nuit qui s'avançait. Un coup de mitrailleuse mettrait à néant pompe et servants.

M. Selles nous fit prendre à gauche où nous avions autant à faire et moins à risquer. Aux greniers d'abondance , le fléau défiait tous efforts; dans l'avenue Victoria où nous nous engageâmes, en avant du square Saint-Jacques, nous étions entourés d'incendies, les uns en pleine activité, les autres qui semblaient s'éteindre et se ranimer par intervalle; on pouvait choisir. Nous nous attachâmes aux bureaux de l'assistance publique. L'Hôtel-de-Ville était brûlé.

On passa la nuit dehors après la rude journée dont j'ai parlé. Une heure se passe. On travaille au bruit des décharges lointaines de l'artillerie. Un obus, en course, siffle sur nos têtes : J'en compte six et ne compte plus. Plusieurs tombaient non loin, rue de Rivoli, dans la Seine, sur les quais ; ils paraissaient dirigés sur la Cathédrale. Nos hommes essuyent deux coups de feu tirés par les fenêtres, sans être atteints.

A quelques pas de nous se trouvaient, dans l'avenue, un canapé, des chaises, des fauteuils, restes du mobilier d'une maison incendiée; derrière, une barricade bouleversée, un lot d'incendiaires tués : là se faisait la sieste. Soldats du poste voisin fatigués, pompiers surmenés s'y reposaient quelques instants. Là aussi était mon poste. Mollement installé , j'y sommeillais, la paupière baissée, l'œil au guet. Je pus voir à loisir, nos Havrais, le lieutenant et ses hommes travailler sans relâche et sans peur, comme ils le font au feu, dans leur ville calme.

Ce vaste incendie dura plusieurs jours. Avec le renfort qu'ils reçurent le lendemain et qui porta leur effectif à quarante-huit hommes et leurs pompes, ils purent couronner leurs efforts par un succès. L'incendie fut éteint. D'après l'estimation d'un employé supérieur de l'Administration, resté courageusement à son poste et qui les visita souvent, ils avaient sauvé une valeur de 500,000 fr. outre les autres immeubles dont ils ont, dans la mesure du possible, limité la ruine.

Je voudrais citer les noms de ceux qui ont accompli si virilement leur devoir. Il faudrait citer toute la Compagnie. Quelques-uns avec lesquels je me suis trouvé plus directement en rapport sont restés dans ma mémoire. Ce sont : M. le lieutenant Danneville, MM. les officiers Ferré et Cliquet et le sergent-major Meriol.

Je citerai aussi, avec le regret de n'avoir pas leurs noms, deux Pompiers qui, au risque de leur vie, attachèrent au bras de la statue qui surmonte la colonne de juillet, le drapeau tricolore. Je tiens à honneur de leur avoir serré la main en vue du monument, théâtre de leur élan patriotique.

Le dimanche matin, 28, arrive au poste un jeune médecin, M. Massart, élève de l'hospice du Havre. Engagé volontaire, il a fait campagne contre les Prussiens, il vient en faire une nouvelle contre les révoltés. Bien méritante préparation à sa thèse qu'il doit bientôt passer.

Son arrivée me laisse le loisir de chercher les miens. Je quitte la Compagnie havraise, pénétré de son excellent accueil et comblé de ses bien précieux remercîments.

Je ne partirai pas sans fixer ici un souvenir à l'adresse des habitants, propriétaire, locataires et concierge de la maison nº 9 de l'avenue Victoria. J'ai vécu là, pendant trois jours en garnisaire, buvant leur vin; mangeant leur pain; épuisant leurs provisions, sans épuiser le charme de leur hospitalité.

Mes adieux donc, mais aussi au revoir à ces excellents Parisiens.

2ᵉ PARTIE.

EXPÉDITION DE PARIS.

Compagnie de Sotteville. — Dimanche 28 mai, au matin.

Me voilà donc en quête des miens. Plusieurs heures de recherches, de marches et de contre-marches m'amènent enfin rue de Lille où, croyant aller aux renseignements auprès d'un détachement de la Compagnie de Rouen, je les trouve eux-mêmes.

A dater de ce moment, jusqu'à mon retour à Rouen, je fus témoin et acteur dans les événements qui suivirent, et je les rapporterai *de visu* ; mais à remonter du départ de la Compagnie par la gare Saint-Sever jusqu'à ma jonction, ma narration s'appuiera sur des notes fort exactes qui me sont fournies par le lieutenant Savoye. L'ordre naturel veut que je commence par elles.

Voici d'abord les noms des volontaires partis le 24 mai 1871 pour l'expédition de Paris :

MM. HAGNÉRÉ, Capitaine ; — SAVOYE, Lieutenant ; — APVRILLE, Chirurgien-Major ; — TIREMBERG, Sergent-Major ; — FROMONT (Fortuné), Sergent ; — FROMONT (Alfred), Sergent ; — JUMEL, Sergent-Fourrier ; — DUCRETOT, Caporal ; — HAUCHARD, Caporal ; — PETIT, — GALEPPI fils, — DUMONTIER (Félix), — LERICHE, — JULIEN (Anatole), — BOULARD, — BANCE, — DUPRÉ, — DUTEURTRE, — DANJOU, — BOQUET (Ernest, — GACOIN, — MOREL.

Le 24 mai, à la réception de la dépêche qui appelait les Pompiers de province à Paris, le capitaine Hagnéré avait immédiatement réuni la Compagnie. A trois heures et demie du soir, le départ était décidé ; avant cinq heures on partait sous sa conduite. Ving-et-un volontaires et deux pompes s'embarquaient à la gare Saint-Sever. On arrive à Colombes, embranchement de Saint-Germain, à minuit.

La difficulté fut grande pour débarquer les pompes ; aucun aide du dehors ; point d'engins pour faciliter le déplacement.

Ces difficultés vaincues, il fallut partir, sans guide, sans direction, au hasard. Ici, une tranchée qu'il faut tourner ; là, une formidable barricade se dresse ! on rétrograde, on cherche, on tâte la route, on se dirige à la grâce de Dieu.

Voilà enfin Courbevoie, les habitants donnent la direction. Après une marche des plus pénibles, on arrive au Trocadéro à trois heures du matin, 25 mai.

Le capitaine donne ordre au lieutenant de se rendre à la caserne des Sapeurs-Pompiers de Paris pour se faire assigner un poste. Le colonel est au ministère des affaires étrangères ; il y court ; lui annonce vingt-un hommes et deux pompes. Un poste rue de Lille lui est désigné. Le feu est à l'hôtel des Dépôts et Consignations ; il faut en toute hâte s'y porter.

On part, on arrive. Des deux pompes, l'une est mise en batterie dans les cours mêmes de l'hôtel, en plein foyer d'incendie ; elle est commandée par le capitaine. L'autre prend position vis-à-vis l'entrée de la caserne Bonaparte, faisant face à l'hôtel du Conseil-d'Etat qu'elle parvient à sauver d'une destruction complète. Au moyen d'une coupure, huit maison sont garanties. Je tiens cette circonstance du docteur Pouzin, propriétaire rue de Poitiers.

Ce même jour, vers quatre heures et demie du soir, on travaillait avec une activité fiévreuse pour préserver l'aile gauche de l'hôtel des Dépôts et Consignations. Dans cette partie de l'hôtel se trouvait : le double du grand-livre, des registres d'une grande importance. Le sergent-major Tiremberg se tenait en observation et dirigeait le travail.

Tout à coup, un monsieur décoré de la Légion d'honneur l'aborde et le supplie de vouloir bien se porter, lui et son monde, sur l'aile droite, où, dans une pièce attenante au corps de l'hôtel en feu, se trouvait, dans un coffre-fort, toute sa fortune.

Le sergent Tiremberg, n'écoutant que son courage, sans mesurer l'intensité des flammes qui dévoraient tous les étages, s'élance sur les pas de plusieurs personnes, employés ou parents, probablement. A peine sont-ils entrés, que les planchers s'effondrent les uns sur les autres et sur leurs têtes et les engloutissent. Les Pompiers les plus près du lieu se précipitent ; ce sont MM. Duteurtre, Danjou, Bance et Leriche, Ils sauvent heureusement deux personnes d'une mort imminente Les autres, parmi lesquels le sergent Tiremberg, écrasés sous les décombres brûlants, ont dû périr sur le coup.

Tout espoir de rien sauver sur l'aile droite était perdu. On retourne à l'aile gauche ; les efforts sont couronnés de succès, on soustrait aux flammes les précieux registres.

Mais l'incendie se propage partout, à l'entour dans ce malheureux quartier. Arrive un ordre du colonel Willemme, des Pompiers de Paris, qui prescrit au capitaine Hagnéré de prendre la surveillance de tout l'espace compris entre la rue Belle-Chasse et la rue du Bac, et de soustraire au feu toutes les constructions dont la destruction est imminente.

A sept heures et demie du soir, le feu paraissait, non pas éteint, mais à peu près maîtrisé là où l'on travaillait. Une partie de la Compagnie est détachée pour aller prendre un repos bien nécessaire ; vite, il faut partir ! un commencement d'incendie rue de Verneuil. Le lieutenant se détache avec quatre hommes, le feu est arrêté.

On n'en fut pas plus tranquille toute la nuit. Elle se passa en semblables alertes. Il en fut de même de la matinée du 26. Les habitants de la rue de Verneuil accouraient incessamment à la caserne réclamer du secours.

Plusieurs Pompiers s'apprêtent à changer de linge, leurs effets ont disparu.

Nos hommes sont bien chagrins; mais il leur arrive à propos, comme la Providence, M. le professeur Gaillardin, habitant des plus considérés et des plus influents du quartier ; les voyant fort en peine, il se met en campagne, leur procure du linge autant qu'il en fallait. Jour et nuit M. Gaillardin leur prêta son plus actif concours, et grâce à lui, tout fut à don, on ne manqua de rien.

Le capitaine Hagnéré détache le sergent-fourrier à l'Etat-Major de la Garde nationale, afin d'obtenir un laissez-passer pour retourner à Rouen où l'appellent les affaires de la maison de commerce dont il est l'un des principaux employés ; mais le sergent-fourrier n'obtient rien, il faut que le capitaine vienne réclamer lui-même, à l'Etat-Major du maréchal Mac-Mahon.

Le 27, au matin, le capitaine, muni d'un laissez-passer, quitte la Compagnie. Il laisse le commandement au lieutenant Savoye.

Le travail se continue avec le même zèle que le premier jour.

Le 28, comme on se mettait à déjeuner, arrive le chirurgien aide-major.

Au jour du départ, il déclara son intention d'accompagner l'expédition. La Compagnie, à l'unanimité, ratifia son vœu. Sensible à l'honneur qui rejaillissait sur lui d'un tel vote, il fit, à la hâte, comme chacun, ses préparatifs; mais une indication d'heure et de lieu qui se trouva erronée, l'empêcha de rejoindre, il ne put partir que le lendemain matin, à six heures un quart, par la gare Saint-Sever. Il avait fait rencontre d'un détachement de Pompiers du Havre avec lequel il était resté jusqu'à ce jour, après plusieurs recherches infructueuses pour découvrir sa Compagnie.

Instruits de ces circonstances et du service qu'il avait été heureux de rendre à leurs camarades du Havre, les Pompiers de Sotteville accueillirent leur chirurgien avec la plus franche cordialité.

L'aide-major trouva chez son très-honorable confrère le docteur Pouzin, et chez madame Delean, de l'hôtel du Conseil d'Etat, l'hospitalité la plus amicale et la plus confortable.

Le 29 mai, dans la circonscription qui lui avait été assignée, la Compagnie avait accompli sa tâche; l'incendie était éteint. Le lieutenant Savoye reçoit du commandant des Sapeurs-Pompiers de Paris l'invitation de réunir son matériel et de le conduire aux Batignolles.

Instruits de notre prochain départ, les habitants du quartier improvisent une souscription en quelques heures, un beau drapeau est préparé et offert à la Compagnie par une députation conduite par M. Gaillardin. Une allocution éloquente rehausse encore la richesse d'un tel don.

La députation voulut accompagner nos Pompiers jusqu'aux Batignolles pour lui conduire son matériel en gare.

On partit de la rue de Lille, le drapeau en tête, porté par le lieutenant Savoye.

« Ce sont les Pompiers de Sotteville-lès-Rouen qui retournent chez eux avec un drapeau donné par nous, criait la députation, saluez les courageux Pompiers, ils ont perdu l'un des leurs au feu ! » et les passants de crier à l'envi : Vive les courageux Pompiers ! Honneur à leur Drapeau !

La reconnaissance des Parisiens leur fit ainsi, jusqu'aux Batignolles, comme une marche triomphale.

Le matériel mis en gare, la Compagnie revint à la caserne Bonaparte. Elle partit le lendemain, 30, par la gare Saint-Lazare, sous la conduite du sergent Fromont (Fortuné).

Le lieutenant Savoye, le chirurgien-aide-major et le caporal Hauchard demeurèrent pour recueillir les restes du malheureux Tiremberg.

On n'était pas sans avoir essayé de l'exhumer de dessous les décombres; mais sur l'avis d'un commandant du Génie, on avait dû suspendre les travaux. Plus tard, les Pompiers de Paris, munis des instruments nécessaires, reprirent le travail et le menèrent à bonne fin.

Une partie du corps, la tête méconnaissable comprise, fut retirée des décombres, l'autre y resta réduite en cendres. Un bidon, une plaque, des fragments d'équipement ne laissèrent aucun doute sur l'identité.

Des démarches restant à faire pour la levée du corps, le laissez-passer et les formalités voulues dans ces circonstances, le lieutenant se trouva heureux du concours empressé que lui donna M. Gaillardin. Sous sa recommandation et par son influence, nos démarches à la Mairie furent suivies d'un plein succès, et les Pompes-Funèbres se montrèrent des plus généreuses; à l'exception du cercueil, elles prirent sur elles tous les frais.

Le 31 mai, à neuf heures du matin, une voiture de l'Administration arriva. Le corps du défunt y fut placé. Le lieutenant Savoye, l'aide-major Apvrille et le caporal Hauchard y montèrent et l'accompagnèrent jusqu'aux Batignolles, où il fut placé dans un wagon. Une voiture du chemin de fer les reçut; ils firent escorte à leur camarade; ils arrivèrent à Poissy vers quatre heures de l'après-midi. Là, grâce à l'obligeance d'un employé de la gare, M. Lapierre, de M. le Commissaire de Police et de M. le Commandant de place, ils purent, ce qui offrait quelques difficultés, envoyer une dépêche à M. le Préfet et à M. le Maire de Sotteville.

On arriva à huit heures vingt à la rue Verte. On trouva en station une voiture des Pompes-Funèbres de Rouen, envoyée par M. le Préfet.

Le défunt fut reçu par M. Bertel, Maire de Sotteville, le Conseil municipal et la Compagnie des Sapeurs-Pompiers.

Le cortége se mit en marche vers Sotteville, reçut, sur la route, plusieurs couronnes d'immortelles. Tiremberg fut reconduit jusqu'à sa demeure où il put reposer au milieu des siens jusqu'au jour prochain des obsèques dignes de lui, dignes du pays reconnaissant qui les lui préparait.

Ainsi se termina cette campagne glorieuse pour la ville, qui fournit à la défense de la civilisation en lutte avec la plus atroce barbarie, vingt-deux hommes dévoués, l'un d'eux mort martyr de son zèle, glorieuse pour vous, Monsieur le Maire, qui, toujours plein de sollicitude pour notre Compagnie, n'avez rien négligé de ce qui était possible pour sa bonne tenue et sa force. Sous votre administration, elle a vu le nombre de ses hommes augmenter, son matériel accru. Elle a pu ainsi répondre à l'appel de Paris et courir y chercher sa part de services à rendre, d'honneur et de danger. Glorieuse pour les anciens conseillers municipaux comme pour les nouveaux, qui ont voté les fonds nécessaires, et, tous compris ce qu'on peut attendre d'un corps d'élite fidéle à la discipline, et animé du plus dévoué patriotisme.

3e PARTIE.

FUNÉRAILLES DE TIREMBERG.

Le corps de l'infortuné Tiremberg fut conduit au cimetière de Sotteville, dans la matinée du 2 juin. Voici le récit, aussi fidèle que possible, que fit à l'occasion de cette triste et touchante cérémonie, le *Nouvelliste de Rouen,* dans son numéro du 3 juin :

Hier matin avait lieu à Sotteville une imposante cérémonie. L'église de cette localité était trop petite pour contenir les personnes qui avaient voulu assister aux funérailles de M. Tiremberg, sergent-major de la Compagnie des Pompiers de Sotteville, tué à Paris en portant secours aux incendiés. M. Lizot, Préfet de la Seine-Inférieure; le Secrétaire-Général de la Préfecture; M. Nétien, Maire de Rouen; le Maire et tout le Conseil municipal de Sotteville; les Pompiers de Rouen, de Darnétal, de Sotteville et des environs; les ouvriers des ateliers du chemin de fer, à Sotteville, et près de deux mille personnes assistaient à cette cérémonie. On remarquait dans le cortége M. Turgis, Conseiller-Général; le docteur Le Brument, chirurgien de la Compagnie des Pompiers de Rouen; le médecin en chef de l'Asile de Quatremares, le Maire de Déville; M. Cusset, commandant de la Garde nationale de Rouen, et plusieurs notabilités.

Tout le monde avait voulu rendre hommage à la mémoire d'un bon citoyen, victime de son devoir. La commune de Sotteville gardera longtemps le souvenir de cette manifestation en faveur d'un homme honnête et courageux qui a accompli des actes de civisme au-dessus de tout éloge. L'émotion était générale.

M. Lizot, Préfet de la Seine-Inférieure, a remis à la veuve du défunt une somme de 300 francs. Celui de nos collaborateurs qui assistait à la cérémonie a déposé entre les mains de la famille une somme de 200 francs, provenant de la souscription ouverte dans nos bureaux par les Parisiens réfugiés.

Nous espérons que cette souscription produira des sommes beaucoup plus importantes, et nous adressons un nouvel appel à nos hôtes de Paris. Il ne faut pas que la veuve d'un homme qui a péri dans de pareilles conditions soit jamais exposée à souffrir de la misère.

Nous avons constaté et nous tenons à faire ressortir que, dans cette foule qui accompagnait un honnête homme et un bon citoyen à sa dernière demeure, il régnait un recueillement au-dessus de tout éloge. Tant il est vrai que les nobles actions ne laissent personne insensible. La famille de M. Tiremberg peut être fière de celui qu'elle vient de perdre si cruellement, car il lègue un magnifique exemple à la postérité.

De la maison mortuaire à l'église, les cordons du poêle ont été tenus par M. Lizot, par M. Nétien, par M. Bertel et par M. Turgis, Conseiller-Général. De l'église au cimetière, ils étaient tenus par M. Savoye, lieutenant de la Compagnie des Pompiers de Sotteville, qui a suivi ses camarades à Paris et qui était allé chercher les restes du défunt; par le capitaine Besongnet, par le docteur Apvrille et par le lieutenant Létorey qui a rendu de si grands services avec les Pompiers rouennais pendant les incendies de la capitale.

La tombe de Tiremberg a été creusée à l'entrée du cimetière de Sotteville, à côté de la grille; c'est là que sera élevé le monument funèbre, conformément à la décision du Conseil municipal. Ce monument sera là, en évidence, pour rappeler à tous la mémoire d'un bon et courageux citoyen.

Après les dernières prières de l'église, M. Lizot a pris la

parole, et, dans une improvisation véritablement éloquente et pleine de cœur, il a payé un légitime tribut, non-seulement à celui qui était mort pour ses concitoyens, mais encore à tous les Pompiers du département qui, au premier appel du Gouvernement de la nation, étaient accourus à Paris pour combattre les incendies allumés par des mains criminelles.

« Pourquoi faut-il, s'est écrié M. Lizot, que vous tous qui avez la conscience du devoir accompli, vous ayez eu la douleur de perdre celui que nous pleurons tous aujourd'hui ? » Rappelant alors les circonstances dans lesquelles l'infortuné Tiremberg a trouvé la mort, M. Lizot a fait un tableau saisissant des dangers que couraient nos braves concitoyens, qui n'avaient pas seulement à lutter contre le feu, mais encore qui étaient exposés aux balles et aux obus des farouches incendiaires. M. Lizot a présenté des considérations très-élevées, et nous avons le regret de ne pouvoir donner qu'une idée très-imparfaite de son improvisation. Mais ses paroles resteront gravées dans le cœur de tous les assistants.

M. Bertel, Maire de Sotteville, s'est avancé sur la tombe, et, d'une voix émue, il a prononcé le discours suivant, dont chaque phrase traduisait les sentiments de tous ceux qui se trouvaient là :

MESSIEURS ,

« Au milieu de la douleur profonde qui remplit nos cœurs, au pied de cette tombe qui va se fermer à jamais, je ne puis rester muet. Il faut que je rende ici témoignage au brave et loyal collaborateur, à l'homme intelligent et honnête, au Conseiller municipal dont le dévouement s'est si souvent manifesté dans les jours difficiles, et pourtant il eût pu se retrancher derrière ses occupations pour éviter les heures mauvaises, celui qui vivait du labeur de chaque jour ; mais il avait compris, comme les hommes de cœur, que les emplois publics ne sont pas faits pour mettre l'homme en évidence et lui donner l'occasion de parader devant la foule.

» Il avait compris qu'un grand devoir est inhérent aux charges, et, quand l'envahissement est venu imposer à la commune une taxe impossible à payer, et que votre Maire était fait prisonnier, pour se venger du refus dont il était l'interprète, Tiremberg répondit avec ses collègues, à l'officier prussien chargé de cette mission : « Prenez-nous » tous, car tous nous sommes solidaires de l'Administration. »

Il fut aussi un des premiers à quitter sa femme et sa famille, qu'hélas il ne devait plus revoir, pour courir au secours de Paris.

» Voilà la vraie, la seule fraternité !

» Au milieu des désastres inouïs qui fondent sur notre malheureux pays, l'âme serait saisie de désespoir si la vue d'une foule de dévouements, auxquels il n'a manqué que la direction, ne nous rassurait sur l'avenir.

» Non, elle ne peut périr, la France, qui compte dans tous les rangs de la société tant d'hommes pleins d'abnégation et de courage, depuis les illustrations qui nous ont sauvés de l'horrible chaos jusqu'aux modestes soldats qui meurent en défendant nos foyers, jusqu'aux Sapeurs-Pompiers qui, avec une abnégation digne de tous nos éloges, ont quitté leurs travaux et leurs affections pour concourir au sauvetage de la Capitale de la civilisation, et c'est pour honorer de tels exemples que vous voyez ici cette foule et ces sympathies environner le cercueil de celui que nous estimions jadis et que nous honorons aujourd'hui comme un martyr.

» Ici permettez moi d'adresser mes remercîments et ceux du Conseil municipal aux Sapeurs-Pompiers de Sotteville, accourus avec tant d'élan au secours de Paris, perpétuant ainsi les notoires traditions de la Compagnie. Des remercîments particuliers s'adressent au chirurgien, docteur Apvrille, au lieutenant Savoye et aux autres camarades de Tiremberg, qui ont tenu à honneur de nous rapporter les restes mortels de ce brave.

» Puissent les témoignages dont il est l'objet à ce moment suprême être un adoucissement aux trop justes douleurs de la compagne de sa vie, à la douleur d'une famille éplorée, à celle des nombreux amis qui le pleurent avec nous.

» Puissent ces témoignages prouver à tous ceux qui veulent l'égalité, qu'ils doivent la chercher dans le bien et le dévouement au pays, comme vous l'avez fait, cher collaborateur, vous et vos camarades.

» C'est pourquoi nous voulons tous qu'un monument perpétue ici le souvenir de votre glorieuse mort et celui de notre admiration.

» Adieu, Tiremberg ! — Adieu ! »

M. Defosse, doyen du Conseil municipal de Sotteville, s'est exprimé en ces termes :

« Avant que cette tombe ne soit fermée, je viens, comme doyen du Conseil municipal, donner à notre malheureux collègue et ami un témoignage d'amitié et de reconnaissance pour les services qu'il a rendus à notre pays dans un moment si douloureux. Victime de son dévouement, nous ne pouvons que lui apporter l'expression de nos regrets.

» Je viens donc, en mon nom ainsi qu'au nom de tous nos amis, lui donner un dernier souvenir. Adieu Tiremberg ! adieu, mon ami, adieu ! »

L'honorable doyen du Conseil était très-ému en prononçant ces paroles, et chacun partageait ses sentiments.

Le docteur Apvrille, chirurgien de la Compagnie, s'est exprimé en ces termes :

« Un désastre, tel que l'histoire n'en a jamais raconté (plaise à Dieu qu'il soit unique dans la suite des siècles), s'est abattu sur Paris, prélude de ceux qui devaient frapper nos plus industrieuses cités, désastre matériel immense, mais enfin réparable; désastre moral qui bouleverse la conscience humaine et lui fait douter d'elle-même et d'un Dieu.

» Oui, au milieu de ces scènes de carnage et d'incendie, de vengeance atroce sans motif plausible qui pût en atténuer l'horreur, l'esprit se prenait à douter !

» Mais des ténèbres de la mort quelle lumière resplendit !

» Victimes accumulées ! en voilà des deux côtés !

» Aux unes la tache repoussante de l'infamie, aux autres une auréole de gloire immortelle !

» Qui juge ainsi ? la conscience !

» Elle n'est donc pas morte ! . . Elle est telle aujourd'hui qu'elle était hier, qu'elle sera demain, et votre mémoire, cher camarade, reste dans nos cœurs sous sa sauvegarde, c'est-à-dire qu'elle ne périra jamais !

» Jeune encore, vous êtes, depuis longues années, dans nos rangs ; vous avez conquis vite l'estime de tous, et le grade de sergent-major qu'ils vous ont donné par l'élection n'était que la juste récompense de votre mérite reconnu. Vous l'avez bien prouvé dans ces jours néfastes. Quand a sonné l'heure du danger vous étiez prêt ; l'heure du danger fut pour vous l'heure du sacrifice, l'heure de la mort ; la mort envers laquelle nous avons, nous, une double dette : celle de l'homme et du soldat, car si la terre nous appelle, le feu nous appelle aussi. Il nous attire comme par une puissance mystérieuse qui prend l'attrait irrésistible d'une victime à sauver, de richesses à soustraire à son action : A cet attrait, vous avez cédé.

» Vous étiez à la Caisse des dépôts et consignations, une ruine ! rue de Lille, voisine de la rue du Bac, monceaux de ruines ! des registres, des valeurs, sans doute, bien importantes à sauver, vous sont signalés ; vous vous précipitez. Au moment même, comme si ce moment était attendu par le génie du mal, plusieurs planchers enflammés, accumulés l'un sur l'autre, tombent à la fois et vous engloutissent, vous et deux autres personnes avec vous ; un camarade s'élance, il vous touche, il va vous enlever..... vous étiez mort !..... Il fallut du temps et du travail pour sauver de vos restes ce qu'on put en sauver. Nos camarades de Paris aidèrent beaucoup à cette triste tâche, et, sur vos restes carbonisés, mais reconnaissables à vos insignes et aux objets d'équipement, deux de nous purent, la main dans la main, sceller l'alliance et l'amitié des hommes de cœur qui forment les deux Compagnies.

» Aujourd'hui rendu à votre famille, à vos amis, à nous tous, vous recevez la récompense des braves. Vos obsèques sont entourées des pompes et des prières que la religion vous donne avec une libéralité toute chrétienne. La Municipalité vous place ici à perpétuelle demeure ; un tombeau vous sera érigé par l'obole de tous. Notre pauvre commune vous le fera peut-être modeste, mais les cendres qu'il recouvrira n'en seront pas moins nobles et moins éloquentes. Il en sortira comme une voix pénétrante d'une intonation surhumaine entendue de tous ceux qui porteront ici leurs pas.

» La conscience humaine n'est pas un vain mot ! Dieu existe !

» Malheurs sur malheurs pour la cité, pour la province, pour l'Etat qui n'y croiraient plus ! ! !

» Adieu, cher camarade ! reposez en paix. »

Après ces sages paroles, la foule s'est lentement écoulée, profondément émue par cette touchante cérémonie. Le Conseil municipal de Sotteville s'est réuni pour nommer la commission qui sera chargée de s'occuper du monument de M. Tiremberg.

Rouen. J. LECERF, imprimeur de la Mairie, rue des Bons-Enfants, 46.